COP - Extrato de Semente de Uva: Viva Mais e Mais Saudável

Anti-idade para Todos

Dieter Mann

No se permite la reproducción total o parcial de esta obra, ni su incorporación a un sistema informático, ni su transmisión en cualquier forma o por cualquier medio (electrónico, mecánico, fotocopia, grabación u otros) sin autorización previa y por escrito de los titulares del copyright. La infracción de dichos derechos puede constituir un delito contra la propiedad intelectual.

© Dieter Mann, 2021– 2nd Edition

Impreso y editado por Books on Demand GmbH
info@bod.com.es - www.bod.com.es
Impreso en Alemania – Printed in Germany

ISBN: 978-8-4137-3359-3

Introdução

Ao utilizar este livro, você aceita este aviso legal na íntegra.

Nenhum conselho

O livro contém informações. As informações não são conselhos e não devem ser tratadas como tal.

Se julga estar a sofrer de alguma condição médica, você deve procurar assistência médica imediata. Você nunca deve adiar a procura de aconselhamento médico, desconsiderar o aconselhamento médico ou descontinuar tratamentos médicos baseado na informação do livro.

Sem representações ou garantias

Na extensão máxima permitida pela lei aplicável e sujeita à secção abaixo, nós excluímos todas as representações, garantias e compromissos relacionados com o livro.

Sem prejuízo da generalidade do parágrafo anterior, nós não representamos, realizamos ou garantimos:

- que a informação no livro é correta, precisa, completa e não enganosa;

- que o uso da orientação no livro irá levar a qualquer determinado desfecho ou resultado.

Limitações e exclusões de responsabilidade

As limitações e exclusões de responsabilidade estabelecidas nessa secção e noutras partes deste aviso: estão sujeitas à secção 6 abaixo; e governam todas as responsabilidades decorrentes do aviso ou em relação ao livro, incluindo responsabilidades decorrentes de contrato, por ato ilícito (incluindo negligência) e por violação do dever estatutário.

Nós não seremos responsáveis perante você em relação a quaisquer perdas decorrentes de qualquer evento ou eventos além do nosso controle razoável.

Nós não seremos responsáveis perante você em relação a quaisquer perdas comerciais, incluindo, sem limitação, perda de ou danos nos lucros, rendimentos, receitas, uso, produção, poupanças antecipadas, negócios, contratos, oportunidades comerciais e património de marca.

Nós não seremos responsáveis perante você em relação a qualquer perda ou corrupção de quaisquer dados, bases de dados ou software.

Nós não seremos responsáveis perante você em relação a quaisquer danos ou perdas consequentes, indiretas ou especiais.

Exceções

Nada neste aviso deve: limitar ou excluir a nossa responsabilidade pela morte ou danos pessoais resultantes de negligência; limitar ou excluir a nossa responsabilidade por fraude ou representação fraudulenta; limitar qualquer uma das nossas responsabilidades de uma forma que não é permitida ao abrigo da lei aplicável; ou excluir qualquer uma das nossas responsabilidades que não podem ser excluídas ao abrigo da lei aplicável.

Divisibilidade

Se uma secção deste aviso for determinada por qualquer tribunal ou outra autoridade competente como sendo ilegal e/ou inaplicável, as outras secções deste aviso continuam em vigor.

Se qualquer secção ilegal e/ou inaplicável for legal ou aplicável se uma parte for eliminada, essa parte será considerada para eliminação e a restante secção irá continuar em vigor.

Lei e jurisdição

Este aviso será regido e interpretado em concordância com as leis suíças e quaisquer disputas relacionadas com este aviso estarão sujeitas à jurisdição exclusiva dos tribunais da Suíça.

Introdução 11

Objetivo Principal da Ethereum 21

Diferença entre Bitcoin e Ethereum 22

Para que pode ser utilizado a Ethereum? 24

Vantagens da ethereum   *27*

Desvantagens da Ethereum   *28*

Quais aplicações foram desenvolvidos na Ethereum?   *29*

Algumas das plataformas ethereum 31

Ethereum - Guia para iniciantes 34

O site também fornece uma cripto moeda chamada "Ether".   *40*

Como obter Ether 43

Por que o Ethereum é necessário? 47

Ponto a Ponto   *48*

Soberania   *49*

Quais são os riscos de Ethereum? 52

Risco de Platform   *52*

Risco de aplicativo   *53*

Regulatory Risk   53

The Ethereum Blockchain   55

Blockchain Stakeholders   57

Como o Ethereum Funciona   64

Como ganhar dinheiro com Ethereum   67

Ethereum – O mundo mais valioso   69

Alguns benefícios incríveis da criptomoeda   75

Dicas para investir em criptomoeda   80

Como usar a Criptomoeda   85

Outras criptomoedas   89

Bitcoin   89

Zcash: 90

Dash: 91

Ripple: 91

Enrolar: 92

Algumas Definições Úteis   94

Conclusão   96

Introdução

Nos momentos em que estamos a viver, a tecnologia tornou-se inacreditavelmente avançada, comparada a qualquer momento no passado. Esta evolução redefiniu a vida do homem em quase todos os aspetos. De facto, esta situação é uma prática contínua e, portanto, a vida humana está a melhorar de dia para dia. Uma das últimas inclusões neste aspeto são as **Cripto Moedas**.

A cripto moeda nada mais é do que uma moeda digital, que foi projetada para proporcionar segurança e anonimato em transações monetárias online. Usa criptografia criptográfica para gerar transações corretas e variadas. As novas opções são criadas por um procedimento denominado mineração, onde as transições são gravadas num registo publico, que é chamado de **Cadeia de Bloco de Transação.**

A evolução da cripto moeda é principalmente atribuída ao mundo virtual da web e envolve o procedimento da transformação de informação legível em código, o que é quase inquebrável. No entanto, torna-se mais fácil para rastrear compras e transferências envolvendo a moeda. A criptografia, desde a sua introdução na segunda guerra mundial para garantir a comunicação, evoluiu nesta idade digital, misturada com teorias matemáticas e ciência interminável. Portanto, agora é usado para garantir não apenas a comunicação e a informação, mas também a transferência de dinheiro por toda a web virtual.

Ethereum é um código aberto, público, baseada em cadeia de bloco, distribuídas em plataforma computacional e com sistema operacional com funcionalidade de contrato inteligente (scripting). Suporta uma versão modificada de Nakamoto consenso através transições de estado baseada em transações.

Ethereum conduziu o mundo da criptografia por tanto tempo, e tão dominantemente que os termos criptografia e Ethereum são frequentemente usados de forma intercambiável. No entanto, a verdade é que a moeda digital não se compõe apenas de Ethereum. Existem várias outras ocorrências de criptografia que fazem parte do mundo criptografia.

Ether é uma cripto moeda cujo cadeia de bloco é gerado pela plataforma Ethereum. Ether pode ser transferido entre contas e usado para compensar mineração participante para os cálculos realizados. Ethereum fornece uma máquina virtual de Turing-completa descentralizada, a Ethereum Virtual Machine (EVM), que pode executar guiões usando uma rede de nodes pública. "Gas", um mecanismo de precificação de transação, é usado para mitigar spam e alocar recursos na rede.

Ethereum foi proposta no final de 2013 por Vitalik Buterin, um investigador e programador. O desenvolvimento foi financiado por uma venda coletiva on-line que ocorreu entre julho e agosto de 2014. O sistema foi ao vivo em 30 de julho de 2015, com 11,9 milhões de reservas "parciais" para a venda coletiva. Isso responde por aproximadamente 13 por cento do fornecimento a circular.

Ethereum foi inicialmente descrita num papel branco por Vitalik Buterin, um programador involvido com a Bitcoin Magazine, no fim de 2013 com um objetivo de contruir aplicações descentralizadas. Buterin teve um argumento que Bitcoin precisava de uma linguagem de script para o desenvolvimento de aplicações. Ao falhar a ganhar o argumento, ele planeou o desenvolvimento de uma nova plataforma com uma linguagem de scrip mais geral.

No momento do anúncio público em janeiro de 2014, a equipa principal Ethereum foi Vitalik Buterin, Mihai Alisie, Anthony Di Iorio e Charles Hoskinson. Desenvolvimento formal do projeto software Ethereum iniciou-se atravé de uma companhia Suíça, Ethereum Switzerland GmbH (EthSuisse). Posteriormente, uma fundação sem fins lucrativos Suíça, a Ethereum Foundation (Stiftung Ethereum), foi criada também. O desenvolvimento foi financiado por uma venda online coletiva publica, com os participantes comprando o tokens do valor Ethereum (ether) com outra moeda digital, bitcoin. Embora tenha havido muitos elogios para as inovações técnicas do Ethereum, também foram levantadas questões sobre sua segurança e escalabilidade.

Um dos criadores mais conhecidos do Ethereum, Vitalik Buterin descreve o Ethereum como um "computador mundial". Ethereum pode ser adquirido por qualquer pessoa no mundo com uma ligação de internet e os usuários podem entrar em contato com seus recursos sem premissão. Ethereum pode ser usado para o armazenamento de dados, transações financeiras, propriedades de terra e muito mais, ambos já imaginado e ainda por imaginar.

Ethereum é destruído; um resumo de todas as transações Ethereum são iniciadas em pensamentos de diferentes componentes em todo o mundo. Em episódios tradicionais, os dados são muito mais centralizados e podem se tornar excessivamente caros para atingir o mesmo nível de distribuição (e, portanto, pode se tornar desnecessário).

Ethereum é descentralizado; um resumo de todas as transações Ethereum são armazenadas em diferentes computadores em todo o mundo. Em sistemas tradicionais, os dados são muito mais centralizados e podem se tornar excessivamente caros para atingir o mesmo nível de distribuição (e, portanto, seguros) que está ativo pela Ethereum.

Ethereum é confiável; Graças às assinaturas criptográficas e matemáticas complexas, Ethereum pode ser intercetado sem terceiros. As informações inseridas na rede são imutáveis (não serão alteradas) e a própria posse dessas informações pode ser comprovada pelo o seu legítimo proprietário.

Ethereum é pseudónimo; com assinaturas criptográficas, usuários que tenham informações no Ethereum não precisam de dar informações pessoais identificáveis para provarem serem proprietários. O valor de transação através da rede Ethereum pode ser feito sob pseudónimo, e detalhes especiais podem ser revelados apenas se o outro lado decidir fazê-lo.

Ethereum é rápido; armazenar e transferir dados no Ethereum pode acontecer em segundos, enquanto restabelece a confiança, privacidade e descentralização (seguro) fundamental com o que o Ethereum dá. Assim que o protocolo estiver totalmente configurado e a aplicação do Ethereum estiver estabelecida, o sistema fornecerá utilidades de várias ordens de magnitudes melhores que quaisquer outras opções alternativas atuais.

Claro que, Ethereum ainda é uma tecnologia muito jovem. Foi lançado e ainda está a trabalhar por meio de uma série de atualizações realizadas ao dimensionar o protocolo. No entanto, em nas sua curta existência já fez progresso a um ritmo fenomenal. O valor da rede aumentou de milhares de dólares para bilhões no seu curto tempo de vida, e este guião o ajudará a entender o que o Ethereum tem de potencial para alcançar no futuro.

Ethereum é basicamente um software que é descentralizado e permite que vários criadores e programadores executem o código de qualquer aplicação. Ethereum tornou-se uma moeda cripto popular alternativa à Bitcoin no último ano. No entanto, ao contrário de Bitcoin e a moeda rival Litecoin, Ethereum foi adotada por muitos companhias e startups como uma forma de transacionar (e mais).

Nas guerras das cripto moedas, gosto de visualizar a Ethereum como o diamante das moedas - ele tem um valor intrínseco e um valor industrial. Compare isto à Bitcoin, que opera como ouro – não tem muito valor industrial, mas as pessoas compram e vendem baseado no seu valor intrínseco para o proprietário.

Dada a popularidade da Ethereum, muitas pessoas têm curiosidade sobre o que realmente é, como é diferente da Bitcoin e como investir nela. Também é importante ignorar os riscos do investimento e a potencial de mineração dela e criar sua própria riqueza de Ether (o verdadeiro unidade monetária da Ethereum).

Ethereum é um código aberto, publico, baseado em cadeias de bloco, distribuída em plataforma computacional e com sistema operacional com funcionalidade de contrato inteligente (scripting) que facilita a acordos contractuais online. Fornece uma máquina virtual Turing-complete descentralizada, o Ethereum Virtual Machine (EVM), que pode executar scripts usando uma rede internacional de redes públicas. Ethereum também fornece um tokens criptográfico chamdo de "ether", que pode ser transferido entre contas e usado para conpensar nodes para cálculos realizados. "Gas", um mecanismo de precificação de transação, é usado para mitigar spam e alocar recursos na rede. Ethereum foi proposto no final de 2013 por Vitalik Buterin, um pesquisador e programador criptográfico.

A moeda foi lançada em 2015 e, embora, esteja há menos de dois anos no mercado, ela já se tinha tornado num top rival da Bitcoin.

Bitcoin e Ethereum podem fornecer vantagens significativas, especialmente realidade socioeconómica de hoje em dia. No entanto, tenha em mente que este guião não se destina, de forma alguma, a ser usada como uma recomendação financeira. Eu não sou um consultor financeiro. Eu sou apenas um participante ativo que tem Bitcoin e cripto moedas no meu portefólio de investimentos com uma perspetiva otimista no seu futuro. E eu quero partilhar isto convosco, porque acredito que é o tipo de informação que podemos beneficiar um dia. Uma coisa é muito clara para mim: Bitcoin, Ethereum e cripto moedas são a nova corrida ao ouro. Portanto, não fique para trás! Agora é sua escolha se tornar um milionário.

Objetivo Principal da Ethereum

Ao contrário da Bitcoin, o objetivo principal do Ethereum não é agir como uma forma de moeda mas para permitir "contratos inteligentes" entre as partes, sem forçá-los a fechar ou usar um moderador. Os contactos inteligentes são códigos de computador que podem facilitar a troca de dinheiro, propriedade, conteúdo ou qualquer coisa de valor. Porque estes contratos são executados na blockchain, eles são executados conforme planeado, sem qualquer probabilidade de atraso, censura ou fraude.

Ethereum dá oportunidade para construir aplicações descentralizadas (ou Dap.) Porque esses programas de computador são feitos de código que executam a rede de blockchain, que não são controlados por uma identidade central. Pense no Ethereum como o primeiro supercomputador virtual descentralizado.

Diferença entre Bitcoin e Ethereum

Assim como a Bitcoin, Ethereum é uma rede de blockchain aberta. Embora existam algumas diferenças entre elas, a distinção mais relevante que deve se lembrar é que elas têm diferentes propósitos.

Bitcoin oferece uma aplicação particular da tecnologia da blockchain e é designada como um sistema ponto-a-ponto que facilita as transições digitais. Ethereum, por outro lado, é uma plataforma para a execução de aplicações numa rede distribuída que permite contratos inteligentes entre indivíduos mundialmente.

Para que pode ser utilizado a Ethereum?

Em primeiro lugar, o Ethereum permite aos criadores construiu e implantar aplicações descentralizadas. Além disso, qualquer serviço centralizado pode ser descentralizado usando a plataforma Ethereum. O potencial da plataforma Ethereum para a construção de aplicações não se limita a nada além da criatividade dos criadores.

As aplicações descentralizadas têm um potencialde de mudar a relação entre companhia e a a suas audiências completamente. Nestes dias, há uma série de serviços que cobram taxas específicas por simplesmente terem um serviço de depósito e uma plataforma para os usuários trocarem bens e serviços. Por outro lado, a blockchain da Ethereum permite aos consumidores traçarem as origens dos produtos que compram, enquanto a implementação de contratos inteligentes consegue assegurar uma troca segura e rápida para ambas partes sem um moderador.

A tecnologia de blockchain por si só tem uma parte especial de serviços redefinidos com base na web, bem como indústrias com praticas contractuais bem estabelecidas. Por exemplo, um seguro de indústria nos Estados Unidos possui mais de $7 bilhões de seguro de vida em dinheiro, que pode ser redistribuído razoavelmente e transparentemente usando blockchain. Ainda mais, com a implementação de contratos inteligentes, os clientes podem ser capazes de submeter a reivindicação de seguro online e receber pagamento automaticamente instantâneo, considerando que a sua reivindicação cumpriu com todos os critérios pedidos.

Essencialmente, o Ethereum Blockchain é capaz de trazer os seus princípios básicos - *confiança, transparência, segurança e eficiência* - em qualquer serviço, negócio ou indústria.

Ethereum também pode ser usado para criar Organizações Autónomas Descentralizadas (OAD), que operam de forma transparente e independente de qualquer intervenção, sem nenhum líder singular. OAD são executadas por meio de programação de código e uma coleção de contratos inteligentes escritos em Blockchain. É desenhado para eliminar a necessidade de uma pessoa ou um grupo de pessoas numa organização centralizada e controlada.

OAD são propriedade das pessoas que compraram tokens. No entanto, a soma de tokens compradas não iguala a equidade de ações próprias e propriedade. Por exemplo, os tokens são contribuições que proporcionam o direito de voto.

Vantagens da ethereum

A plataforma Ethereum beneficia de todas as funções de propriedades da tecnologia de Blockchain que executa. É completamente imune a quaisquer intervenções de terceiros, o que significa que todos as aplicações descentralizadas e OAD implantadas dentro da rede não podem ser controladas por ninguém.

Qualquer rede Blockchain é formada por um princípio de consenso, significando que todas os nodes dentro do sistema precisam concordar em cada mudança feita dentro dela. Isso elimina as possibilidades de fraude, corrupção e torna a rede à prova de violação.

Toda a plataforma é descentralizada, o que significa que não há uma única parte possível de falha. Consequentemente, todos as aplicações sempre estarão online e nunca se desligam. Além disso, a natureza descentralizada e a segurança criptográficas fazem a rede Ethereum bem protegida contra ataques de hackers possíveis e atividades fraudulentas.

Desvantagens da Ethereum

Apesar do facto de que alguns contratos inteligentes são importantes para tornar a rede à prova de defeitos, eles podem apenas ser tão bom quanto as pessoas que escrevem o código para eles. Sempre há caminhos para os erros humanos, e qualquer erro no código pode ser explorado. Se isso acontecer, não há maneira direta de parar um ataque hacker ou uma exploração do dito erro. A única maneira possível de fazer isso seria chegar a uma solução e reescrever um código subjacente. No entanto, isso vai completamente contra a essência do Blockchain, visto que é suposto ser inalterável e imutável.

Quais aplicações foram desenvolvidos na Ethereum?

Ethereum tem o potencial de abrir o mundo das aplicações descentralizadas mesmo para pessoas sem qualquer formação técnica. Se isso acontecer, pode se tornar um salto revolucionário para a tecnologia Blockchain, que vai trazer adoção em massa. Atualmente, a rede pode ser facilmente aberta por meio do seu navegador nativo Mist, que oferece uma interface amigável, bem como uma carteira digital para armazenar e trocar Ether. Mais importante, os usuários podem escrever, gerenciar e remover contratos inteligentes. Em alternativa, a rede Ethereum pode ser aberta através de uma extensão MetaMask para Google Chrome e Firefox.

A plataforma Ethereum tem a probabilidade de literalmente interromper centenas de indústrias que atualmente dependem de um controlo centralizado, como seguro, financeiro, imobiliário e muito mais. Atualmente, a plataforma está a ser usada para criar aplicações descentralizadas para uma ampla gama de serviçoes e indústrias. Abaixo está uma lista dos mais notáveis.

Algumas das plataformas ethereum

- **Gnosis** - uma previsão descentralizada de mercado que permite aos usuários votarem em tudo desde o tempo aos resultados eleitorais.
- **EtherTweet** – Esta aplicação tira sua funcionalidade do Twitter, proporcionando usuários com uma plataforma de comunicação completamente sem censura.
- **Etheria** – Parece-se com Minecraft, mas existe inteiramente no Ethereum Blockchain
- **Weifund** – Uma plataforma aberta para criar campanhas crownfunding que implementa contratos inteligentes.
- **Uport** - Fornece aos usuários uma ID independente que permite que eles coletem verificações, sessões iniciadas sem

palavra-passes, assinatura de transações digitais e interanção na aplicação Ethereum.

- **Proveniência** - O projeto visa criar uma estrutura aberta e acessível de enquadramente de informação para os consumidores fazerem decisões informadas das suas compras. Isto é feito por meio do rastreamento das origens e história dos produtos.
- *Augur* – Uma predição aberta, do mercado de previsão que premia as predições corretas.
- *Alice* - Uma platforma que visa trazer transparência para o financiamento social e caridade através da tecnologia Blockchain.
- **Bitnation** – A primeira nação virtual do mundo, uma jurisdição do Blockchain. Contém muitas das funções do mesmo como uma nação tradicional, como seguro, a educação, cartões de identificação,

diplomacia, programas, incluindo um para embaixadores e para refugiados e muito mais.

- ***Ethlance*** - Uma plataforma gratuita para mudar o trabalho para o Ether em vez de quaisquer outras moedas.

Ethereum - Guia para iniciantes

A fim de compreender totalmente o Ethereum, o que faz e como pode, potencialmente, impactar a nossa sociedade, é importante aprender qual é as suas principais propriedades e como diferem de diferentes abordagens padronizadas.

Em primeiro lugar, o Ethereum é um sistema descentralizado, o que significa que não é controlado por nenhuma entidade governante. Uma absoluta maioria de serviços online, empresas, empreendimentos são construídas num sistema centralizado de governação. Esta abordagem tem sido usada por centenas de anos, e enquanto a história provou várias e várias vezes que ela é defeituosa, a sua implementação é ainda necessárias quando ambos os lados não confiam um no outro.

Uma abordagem explicitada significa um controle de entidade singular, mas também significa um único problema de falha, o que torna as aplicações e servidores online que utilizam este sistema extremamente vulneráveis a ataques hacker e ainda quedas de energia. Além disso, a maioria das redes sociais e outros servidores online exigem que os usuários disponibilizem pelo menos alguns dados de informação pessoal, que é então colocada em seus servidores. A partir daí, pode ser facilmente roubado pela própria companhia, pelos seus trabalhadores ou hackers desonestos.

Ethereum, sendo um sistema descentralizado, é totalmente automático e não é controlado por ninguém. Não tem nenhum ponto central de fatalidade, já que está sendo executado por computadores voluntários em todo o mundo, o que significa que nunca pode ir abaixo. Ainda mais, as informações pessoais dos usuários fica nos seus próprios computadores, enquanto, conteúdo, como aplicações, vídeos, etc, fica em controlo total dos seus criadores sem terem de obedecer às regras impostas pelos serviços de hospedagem como a App Store e YouTube.

Segundo, é importante entender que, mesmo que constantemente combinados com outros, o Ethereum e o Bitcoin são dois itens completamente diferentes, com objetivos totalmente diferentes. Bitcoin é a primeira cripto moeda e um sistema de transferência monetária, criada e suportado por um detentor de autoridade chamado Blockchain.

Ethereum levou a cabo a tecnologia por trás de Bitcoin e substancialmente expandiu as suas capacidades. É uma rede inteira, com o seu próprio navegador internacional, definindo o idioma e o sistema de pagamento. Mais importante, é possível criar aplicações descentralizadas no Blockchain do Ethereum.

Essas abordagens podem ser totalmente novas ideias ou descentralizadas de conceitos já existentes. Isso definitivamente elimina o intermediário e todos os demais associados com o envolvimento de uma terceira parte. Por exemplo, o único lucro que vem dos usuários "gostando" e "partilhando" o post dos seus músicos favoritos no Facebook é obtido de um anúncio publicitário e vai diretamente para o Facebook. Em uma versão do Ethereum de tal rede social, tanto os artistas quanto o público receberiam prémios por sua comunicação e apoio. Da mesma forma, em uma versão descentralizada do Kickstarter, não vai estar a receber apenas algumas razões para sua autorização para a empresa, vai estar a pensar no futuro. Finalmente, as aplicações baseadas no Ethereum eliminarão todos os tipos de pagamentos para terceiros para qualquer tipo de serviço.

Resumindo, o Ethereum é um software público, de código aberto, baseado em Blockchain, que permite que os desenvolvedores construam e distribuam aplicativos descentralizados.

Como foi mencionado antes, o ethereum é um sistema descentralizado, o que significa que utiliza uma abordagem ponto-a-ponto. Cada interação única acontece entre e é mantida apenas pelos usuários que participam dela, sem nenhuma interferência de autocontrole que está envolvida.

Todo o sistema Ethereum é suportado por um sistema global dos chamados '**nodes.**' Nodes são voluntários que fazem download de toda a Blockchain da Ethereum para os seus computadores e enforcam o consenso das regras do sistema, mantendo a rede honesta e recebendo recompensas em retorno.

Aqueles regras de consenso, assim como outros aspectos da rede são ditadas pelos ' contratos inteligentes'. Esse são desenhados para automaticamente fazerem transações e outras ações especificas dentro da rede com os terceiros que não confiamos necessariamente. Os termos para ambas as partes preencherem são pré-programadas dentro do contrato. A integridade destes termos então dá o gatilho para a transação ou outra ação especifica. Muitas pessoas acreditam que os contratos inteligentes são o futuro e vão eventualmente substituir todos os outros contratos, a implementação de contratos inteligentes dá segurança que é superior a um contrato tradicional, reduz o preço associado à transação com um contrato estabelecido entre dois lados.

Além disso, o sistema também oferece seus usuários com o Ethereum Virtual Machine (EVM), que se mostra como um ambiente de runtime para um ambiente de emergência. É necessário usar segurança para executar um plano não testado e, ao mesmo tempo, garantir que os diagramas não se incomodam uns com os outros. EVM é completamente excluído da rede Ethereum, o que o torna uma ferramenta de caixa de proteção adequada para testar e melhorar alguns contratos.

O site também fornece uma cripto moeda chamada "Ether".

Quem criou o Ethereum?
No final de 2013, Vitalik Buterin descreveu a sua ideia num papel branca, que ele contou a alguns de seus amigos, que por sua vez, mudaram-na ainda mais. Como resultado, cerca de 30 pessoas procuraram Vitalik para decidir o problema. Ele estava esperando por análises críticas e pessoas planeando erros específicos na descrição, mas nunca aconteceu.

O projeto foi anunciado publicamente em janeiro de 2014, com a nova equipa composta por Vitalik Buterin, Mihai Alisie, Anthony Di Iorio, Charles Hoskinson, Joe Lubin e Gavin Wood. Buterin também compartilhou o Ethereum em iniciar em uma decisão de Bitcoin em Miami, e apenas alguns meses depois que o grupo decidiu abandonar um grupo de desenvolvimento para ir por eles.

É Ethereum uma moeda cripto?

Por definição, o Ethereum é um segundo plano que visa a agir como uma barreira internacional, bem como uma loja de aplicações decisiva. Um sistema como este precisa de uma moeda para pagar pelos recursos configuráveis necessários para a execução de um aplicativo ou programa. É aqui que entra em cena "***Ether***".

O ether é um ativo melhor difícil e não requer uma terceira parte para processar o item. No entanto, ele não é apenas uma emergência digital, ele também atua como "combustível" para os aplicativos decisivos dentro da rede. Se um usuário deseja alterar algo em um dos aplicativos dentro do Ethereum, ele precisa pagar uma taxa de conversão para que a rede possa processar a alteração.

As taxas de transação são automaticamente calculadas com base em quantas "recompensas" e requisitos de ação. A quantidade de combustível necessária e calculada com base na quantidade de energia necessária e em quanto tempo levará para ser executada.

É Ethereum como Bitcoin?

Ethereum e Bitcoin podem ser vistos como semelhantes quando se aproximam da resposta correta, mas a verdade é que eles são duas partes completamente diferentes com objetivos conflituantes. Embora Bitcoin se tenha estabelecido como estável e a mais bem-sucedida oportunidade de fazer, o Ethereum é uma empresa multifuncional inteligente que usa apenas um contrato digital.

Como obter Ether

Existem duas maneiras principais de obté-lo: comprá-lo e gerenciá-lo.

A forma mais comum e mais criativa de comprar o Ether é comprá-lo em bolsas. Tudo que precisa fazer é encontrar uma bolsa que negocie em Ether e partes dentro de sua jurisdição, abrir uma conta e usar qualquer outra sua conta de banco Ether, ou transferir em seu pedido de compra. Esses, então, precisam ser iniciados em um caminho, o que pode ser planejado por um outro especialista, o Ethereum é necessariamente o Mist ou por vários outros especializados.

Alternativamente, pode obter Ether através de uma negociação por partes, pagando por ela com qualquer moeda acordada, incluindo Bitcoin e outra cripto moeda. Isso pode ser feito tanto on-line como pessoa. O processamento ponto-a-ponto é bastante parte dos usuários de Bitcoin. No entanto, devido à existência de tokens de Ether praticamente inexistente e o plano de Ethereum não coloca o anonimato completo na vanguarda do mesmo.

Outra maneira de obter as ideias do Ether é mexendo com eles. Mining Ethereum usa prova do trabalho, o que significa que os mineradores contribuem com seu projeto de contratação para permitir um complexo problema matemático para "selar" e confirmar um defeito nas ações da rede. Os mineiros que precisam concluir esta tarefa recuam uma resposta para cada minuto de preto.

O que torna o Ether válido?
Em alguns momentos, a parte do Ethereum é impulsionada pela morte. Os investidores compram o Ethereum na esperança de que a tecnologia excede e incorpora a tendência de aumentar a demanda surpreendente (driblada por utilidade) e voltar ao normal. Aqueles que desejam se intrometer com a mancha de etéreo ou tirar o dinheiro

do primeiro passo (para respostas que não sejam prejudicadas ao redor) também empurrarão para cima. O etéreo é válido porque ele prevê uma melhor solução para o status quo, provavelmente seus dois usos mais valiosos podem ser uma solução de financiamento e de finalização. No entanto, há outro tipo de tecnologia habilitado por Ethereum que pode ser descoberto por cima do emaranhado global existente de infraestrutura digital.

Contratos Inteligentes

Ethereum é descrito como um "comutador universal" porque as transações podem iniciar conjuntos de funções que podem ser automatizados e garantidos. Por exemplo, uma transcrição de Alice to Contract Y poderia ser executada por meio de uma função que inclui o entrecruzamento que, em seguida, conclui a transação de Contract Y to Bob. Um exemplo simples de uma função dentro deste contrato inteligente seria uma caução, onde os fundos são liberados para Bob uma vez que determinadas condições sejam estabelecidas, e Bob pode ter certeza de que será pago. Podem ser encontrados intertratamentos surpreendentes juntos para detetar um web de transferências de valor automáticas que são ativadas com base nos termos previamente acordados. Essa tecnologia tem o potencial de destruir as finanças globais em um nível irrestrito, mas, mesmo assim, contratos inteligentes mais importantes também serão máquinas para máquinas no futuro. Ethereum é provavelmente a plataforma de entrada mais utilizada e mais válida na indústria, no entanto, outros fabricantes também são. Bitcoin tem um primeiro contrato denominado "Rootstock" e NEO é um blockhain semelhante ao Ethereum que está ganhando traction em China. Outros programas de contrato inteligente a serem removidos incluem Cardano e EOS.

Por que o Ethereum é necessário?

Pelas lentes do passado, é muito fácil considerar a teoria de hoje como "boa demais". Frequentemente, é difícil imaginar como os protocolos podem aumentar a socio economia global; da mesma forma que quando o plano TCP / IP da Internet foi construído, poucos - se algum - poderiam ter sido planejados onde as coisas seriam apenas algumas décadas depois. Ethereum é algo semelhante, no entanto, com o Internet já foi visto com certeza, esta nova tecnologia é capaz de avistar e avistar mais rápido. Etherum irá fundamentalmente mudar certos aspectos de nossas vidas, e nos anos que virão, iremos - como estamos agora com o Internet - inesperado que já vivemos sem ele.

Ponto a Ponto

O papel do medíocre de confiança é um recorde realmente novo. As carreiras foram construídas em torno de funções que exigem terceiros para ajudar a liquidar transações entre vários grupos ou indivíduos. A necessidade de uma média tornou-se essencial, e o papel tornou-se visível para um crescimento econômico inesperado no século XX. Também foi responsible para economic catastrophe. Ethereum afasta o intermediário de uma vasta gama de transacções e restrições. Em vez de travar uma 3ª parte que pode (sabidamente ou sem saber) falhar em seu dever como um intermediário, people pode cortar o código do cliente. Assim, quando um indivíduo tem fé nas regras da mathematics, eles podem ter tido no Ethereum a possibilidade de eliminar o que foi dito por 2 vezes. Essa remoção do meio-termo proporciona enormes vantagens na forma de segurança, exibição e eficiência (baixo custo). No atual estado do Ethereum, tais transmissões estão quase totalmente limitadas ao mundo dos pagamentos finais, tanto quanto o pedido está se expandindo junto com este aplicativo.

Soberania

A maioria das noções desenvolvidas tomam a soberania para o bem. Com curso legal emitido por governos e bancos centrais garante que seus novos dólares possam ser gastos em bens e serviços. Existem dois fatores importantes para isso que o Ethereum afirma:

Suprimento Opaco Monetário

Quantos dólares existem em circulação hoje? Ninguém tem resposta certa para essa pergunta. A imprensa de programação é difícil de trabalhar no julgamento de um peixe para diminuir o tamanho dos montes e para incendiar a pisar, sem fornecer trampolim até a extensão. No momento em que escrevo, é certo que o número de Ethereum toma conta de uma sequência de 15 segundos para avançar é 96.331.928, e haverá aproximadamente 3 segundos para avançar 15 segundos. Isso tudo é destruível no blockain transparente de Ethereum - que é descrito em mais definitivo ainda mais abaixo.

Direitos de autoria

A história da humanidade tem uma razão parcial de proteger a própria ajuda indignada. Transações definitivas sempre foram e ainda são, em média, alguns, e a riqueza de um indivíduo pode ser dissolvida arbitrariamente ao longo da noite. Este problema é muito mais semelhante em nações cada vez maiores, especialmente aquelas que tiveram algum problema com a corrupção. A crise mais recente na Síria destaca isso; onde a classe média e veja como os famosos procuram fugir do país perder a sua felicidade à medida que cruzam a fronteira. Ethereum mostra esse problema de duas maneiras; em primeiro lugar, direitos práticos e outras formas próprias podem (em um futuro próximo) ser publicamente verificavel o blockain Ethereum. Em casos mais práticos e imediatos, no entanto, a riqueza acumulada na mancha do Ethereum não pode ser confiscada. Liberdade de confisco é essencial na cripto moeda como Ethereum e através do usos, as famílias podem tirar soberania sobre a sua própria riqueza.

Quais são os riscos de Ethereum?

Os riscos do Ethereum são conhecidos e desconhecidos (no caso de uma "avalanche negra") e há riscos para ambos os lados. Este guia mostrará os riscos mais claros para o caso, e outros determinantes serão discutidos nesta opção de escolha de preço.

Risco de Platform

Ethereum teve ataques DDoS no passado, no entanto, a rede manteve uma atualização de 100% impressionante. O blockchain Ethereum em si é altamente seguro e os fundos são registrados no local de risco muito baixo.

Risco de aplicativo

O maior vetor de ataque no Ethereum blockchain foi na parte posterior da abordagem e não a letra protocolo como descrito acima. Contratos inteligentes foram eexplorados m várias ocasiões, com explorações milionárias sendo estas comuns (estes links não são de certeza exaustivos). Os usuários e investidores devem ser muito cuidadosos ao lidar com as opções Ethereum - o produto é garantido para executar em sua versão anterior, no entanto, a especificação foi feita.

Regulatory Risk

Ethereum construiu uma réplica positiva entre os meios de comunicação convencionais, no entanto, as consequências do seu plano irão sempre vir como uma ameaça para muitos bancos governamentais. O risco de uma regularização de mão pesada paira sobre o local da crise e o Ethereum não existe. O risco regulatório pode ver os fundos, tanto o usuário quanto a inicial, sendo difíceis de mudar para a ocorrência imediata, no entanto, a probabilidade de isso acontecer até o mínimo. Em adição a isso, Ethereum tem um grupo de lideres, estridente (Ethereum Foundation), que tem feito significante promoções tecnológicas para uma boa causa.

The Ethereum Blockchain

Blockchain se tornou um buzzword em 2017, vários anos depois de ter sido descrito pela primeira vez no famoso Bitcoin papel branco de Nakamoto. No bloco de Bitcoins, as transações na rede são empacotadas novamente e iniciadas em blocos, com cada bloco referenciando o anterior, todo o caminho de volta ao primeiro bloco gerado ".

Esta cadeia de manchas detetadas tornou-se conhecida como manchas; Aparentemente, um mínimo de todas as transformações que já ocuparam o lugar. O blockchain é iniciado por meio de computadores (chamados de "nodes") que concordam com a história da rede de Internet e suas regras de resolução. Destruindo o problema dessa forma, o risco de fechamento é mitigado.

O Ethereum blockain é construído da mesma maneira. Cada conversão, seja para outra carteira individuável ou para uma entrada repentina, é solicitada em seu blockchain público. Cada transmissão transmitida para a rede também é fornecida (validada) por cada nó da rede para garantir que segue as mesmas regras. Isso significa que uma única transação para interromper qualquer função arbitrária precisaria ser executada uma vez para todos os outros na rede. Este tipo de validação traz enorme segurança para a rede, no entanto, tem uma troca notável. Algumas atualizações para implementar a explicitação da rede, enquanto redefinem este importante recurso de segurança, estão bem abaixo do Etéreo.

Blockchain Stakeholders

Há um número de segundos no bloco de blocos. Estes são:

- *Notícia*
- *Clientes leves*
- *Exposições*
- *Mineiros*

Nodes

O papel do nod é imediatamente considerar as regras e avaliar as transformações. Isso abrange várias facetas; como um por exemplo, um nod validado ona balança de uma conta ⁰e garantindo pausa mais a sua "gas" taxa (taxa de transação). Uma transação que não fosse válida seria imediatamente identificada e não incluída em um preto, portanto, poderia ser considerada no nível acordado.

Clientes leves

A maioria das afirmações do Ethereum são "claros". Ao contrário de um nó, um cliente leve não inicia uma versão completa ou executada do blockchain Ethereum. Em vez, estes clientes leves conectam nod para receber dados sobre o estado do blockchain, permitindo o usuário a fazer uma transação segura na rede sem complexidades de executar um nod. O tamanho do bloco Ethereum é muito maior; claros permitem que os usuários usem o bloco Ethereum sem ter que baixar, iniciar e fornecer uma cópia de cada transação criada.

Excrementos

As exibições são os passos de entrada e saída de e para o Etéreo e a moeda corrente (USD, EUR, GBP etc). Explica o ponto anterior do blockchain, no entanto, alguns descentralizadas cripto-a-cripto são construídos sobre os blockchain. Uma troca é uma terceira parte parcial, e o armazenamento de fundos em uma troca tem seus próprios riscos.

Mineiros

Os mineiros garantem a rede agrupando tradições válidas em manchas, definindo cada nova mancha com aquela que provavelmente defende a história imutável (também conhecida como trinca). Este é o blockchain. Encontrar um bloco relembra o mineiro bem sucedido com três partes de Ether, as feições de transformação de todas as transições de transformação que estão entre aquele bloco.

Para o mínimo de um bloco, o menor deve fornecer um "Teste de Trabalho" para declarar uma constatação. A condição é que a raiz do bloco esteja abaixo de um certo problema. O problema é visto de tal forma que, para atender a condição, o menor deve ter despendido trabalho solucionando sua "Prova de Trabalho". O problema é dinâmico, tornando a condição mais fácil ou mais difícil de remontar, quanto a quanto o efeito está sendo colocado pelos minérios. Por meio da matemática, a estratégia garante que, em média, um novo branco será encontrado a cada 12 segundos. Se menos esforço estiver sendo despendido durante o minuto, o alvo deverá se esforçar para voltar ao normal, observando que a resposta bloqueia novamente em 12 segundos.

Uma simples analogia ao Ethereum pode ser encontrada no decurso da decisão. Além do mais, o conjunto target é muito simples, 3 vezes em uma linha. Uma vez que está satisfeito, planeia rolar um número 3 vezes seguidas e a rede o responderá com Ether. No caso da passagem de Ethereum, a dificuldade é clara para rolar seis dezenas de vezes numa linha, no entanto, os miners usam gráficos poderosos para computar as rotações a trilhões de vezes por segundo.

Aplicações descentralizadas

Os contratos inteligentes abriram o caminho para "aplicações descentralizadas" ou "dApps". Ao contrário de aplicativos tradicionais como Uber ou Facebook, um Dapp não é de propriedade de uma empresa, em vez disso, seu código é implantado no Ethereum Blockchain para qualquer pessoa executar. Ao criar o Dapp, o usuário não precisa confiar em uma empresa para executar os termos de serviço; em vez disso, isso é feito pelos contratos inteligentes com os quais o Dapp é construído. Atualmente existem alguns dApps no mercado que estão operacionais de alguma forma hoje:

Criptozinhos

Este Dapp permite que os usuários "raça" gatos no blockchain. Cada gato é referenciado pelo seu próprio endereço Ethereum única que compõe o seu coede genético. Os gatos são transferíveis e imutáveis. Cryptokitties foi o primeiro Dapp a alcançar a mídia mainstream em novembro de 2017 e forneceu inspiração para uma série de novos aplicativos

Etherisc

Um seguro Dapp que paga seus clientes instantaneamente através do Ethereum Blockchain. Este Dapp usa oráculos para determinar os resultados dos eventos, e paga seus clientes em conformidade. Nenhuma confiança de qualquer das partes é necessária.

Augur

Um Dapp de mercado de previsão que permite aos usuários criar e apostar em mercados que refletem os resultados. Semelhante ao Etherisc, Augur paga cada vencedor do mercado de previsão instantaneamente com base no resultado dado por um ou mais oráculos /sensores de terceiros/ Apis que digitalizam os resultados).

Código implantado no blockchain Ethereum é de código aberto e visível para qualquer um copiar e usar como exemplo, você pode ver o uso do código para um dos contratos inteligentes Cryptokitties aqui. A vantagem competitiva que os criadores de Dapp têm está no site "front end" que eles constroem para que os usuários interajam. Cryptokitties.co é o primeiro grande exemplo de uma experiência simples front-end que interage com contratos inteligentes muito mais complexos sob o capô. As complexidades e a utilidade dos dApps só irão se expandir, e parece provável que o primeiro Ethereum Dapp seja implantado nos próximos 5 anos.

Como o Ethereum Funciona

Como foi mencionado anteriormente, o Ethereum é baseado no protocolo Bitcoins e seu design Blockchain, mas é ajustado para que aplicações além dos sistemas monetários possam ser suportadas. Os dois Blockchain fazem muito mais do que isso. Além do histórico de transações, cada nó na rede Ethereums também precisa baixar o estado mais recente, ou a informação atual, de cada contrato inteligente dentro da rede, cada usuário equilibra e todo o código de contrato inteligente e onde ele é armazenado.

Essencialmente, o Ethereum Blockchain pode ser descrito como uma máquina de estado baseada em transações. Quando se trata de ciência da computação, uma máquina de estado é definida como algo capaz de ler uma série de entradas e transição para um novo estado com base nessas entradas. Quando as transações são executadas, a máquina transita para outro estado.

Cada estado de Ethereum consiste em milhões de transações. Essas transações são agrupadas para formar "blocos", com cada bloco sendo encadeado junto com seus blocos anteriores. Mas antes que a transação possa ser adicionada ao livro de contabilidade, ele precisa ser validado, que passa por um processo chamado mineração.

A mineração é um processo em que um grupo de nós aplica seu poder de computação para completar um desafio de "prova de trabalho", que é essencialmente um quebra-cabeça matemático. Quanto mais poderoso for o computador, mais rápido resolverá o enigma. Uma resposta a este enigma é em si uma prova de trabalho, e garante a validade de um bloco.

Um monte de mineiros ao redor do mundo estão competindo uns com os outros em uma tentativa de criar e validar um bloco, como cada vez que um mineiro prova um bloco novos tokens de éter são gerados e concedidos ao referido mineiro. Os mineiros são uma espinha dorsal da rede Ethereum, pois não só confirmam e validam transações e quaisquer outras operações com a rede, mas também geram novos tokens da moeda das redes.

Como ganhar dinheiro com Ethereum

A tecnologia subjacente ao Ethereum significa que ele pode ser usado para uma série de outros fins que serão construídos a partir de um sistema descentralizado e autônomo. Simplesmente, mas, potencialmente, será uma tecnologia revolucionária com o potencial de impactar todo um espectro de indústrias.

Como a demanda pela plataforma Ethereum e seus contratos inteligentes permitiram o aumento da rede, o valor do Ethereum como uma criptomoeda continuará a aumentar.

Estabilidade - Ethereum teve um crescimento orgânico, sem picos maciços, e parece ser estável, se não mesmo previsível. A crescente demanda e valor de uma determinada criptomoeda servem como um indicador de seu potencial. Seja qual for a razão, ainda aumenta a demanda - o que significa um novo aumento no preço Ethereum.

Os desenvolvedores do Ethereum querem que se pense na rede como uma grande computação virtual que facilita a execução de aplicativos. É realmente este fascínio que tem sido a razão pela qual o projeto tem o apoio de um número de indivíduos, como Bill Gates.

Fazendo ondas na indústria estabelecida: a Microsoft oferece Ethereum como um blockchain-as-a-service.

O segundo maior limite de mercado após Bitcoin apenas, e uma das criptomoedas mais populares em termos de volume.

Ethereum – O mundo mais valioso

Bitcoin também é creditado por trazer a tecnologia blockchain para o mainstream. Blockchain é o livro-razão digital e distribuído que sustenta as moedas virtuais e é responsável por registrar todas as transações sem a necessidade de um intermediário financeiro, como um banco. Espera-se que seja um divisor de águas para o setor de serviços financeiros devido à sua capacidade de acelerar a verificação de transações e os tempos de liquidação, bem como taxas de transação mais baixas.

Blockchain também é esperado para ter utilidade muito além do setor financeiro, com várias empresas de tecnologia e bens de consumo que o usam para gerenciar dispositivos conectados através da internet das coisas ou para controlar mais eficientemente uma cadeia de abastecimento de mercadorias.

No entanto, este investidor não acredita que bitcoin merece o seu título como o mundo mais valioso criptomoeda por cap mercado. Sim, sua primeira vantagem no mercado tem algumas vantagens, assim como seu nome de marca entre os entusiastas de criptografia. Mas os bitcoins se concentram em fazer parcerias com comerciantes para aceitar seu token, ao invés de se concentrar em tornar seu blockchain mais amigável à empresa, poderia ser sua queda. Uma mudança no foco entre as criptomoedas deixou bem claro que as disputas entre os comerciantes tem um papel secundário em termos de criação de valor a longo prazo em relação ao desenvolvimento e implantação de blockchain. É por isso que a Ethereum, a segunda maior criptomoeda por valor de mercado, merece ser a moeda digital mais valiosa.

O foco da Ethereums está inteiramente no desenvolvimento de blockchain e no fornecimento de negócios que poderiam se beneficiar com a implantação de blockchain. Isto significa que está a visar bancos que apreciariam transacções transfronteiras que se completam em segundos ou minutos em comparação com tempos de espera de até três a cinco dias com o actual sistema bancário. Uma análise recente da Howmuch.net descobriu que a rede Ethereums processa cerca de 20 transações por segundo em comparação com o bitcoin em um máximo de sete transações por segundo.

Isso também significa que a blockchain Ethereums está sendo testada por empresas de tecnologia, energia e retalho que poderiam se beneficiar das eficiências criadas pela blockchain. Embora a Bitcoin provavelmente tenha muitos comerciantes aceitando seu token como forma de pagamento, a Enterprise Ethereum Alliance, formada recentemente, tem cerca de 200 organizações membros atualmente testando uma versão de sua tecnologia blockchain.

Em primeiro lugar, a integração de protocolos de contrato inteligente faz uma diferença. Os protocolos de contratos inteligentes ajudam a verificar, facilitar ou reforçar a negociação de um contrato e são particularmente atrativos para as empresas. A crença é que os contratos em papel não são muito eficientes e, por vezes, podem ser confusos ou não juridicamente vinculativos. Os contratos inteligentes permitem que os negócios modifiquem o blockchain Ethereums para torná-lo tão simples ou complexo quanto quiserem, e eles são juridicamente vinculativos. Esses contratos inteligentes podem funcionar como contas de assinatura múltipla que determinam quando o dinheiro pode ser gasto, ou podem simplesmente ser usados para armazenar informações sobre um aplicativo.

O outro fator que torna o Ethereum anos-luz mais atraente do que o bitcoin é que o Ethereum Virtual Machine (EVM) tende a ser a base da evolução para um número crescente de criptomoedas. Pense no EVM como o ambiente em que os protocolos inteligentes operam. Por exemplo, a Qtum combina a infraestrutura central de bitcoin com a EVM para permitir que os clientes corporativos possam ditar totalmente a complexidade e o escopo de seus contratos inteligentes.

Talvez a maior questão se realce ao surgimento da tecnologia blockchain. O zumbido em torno do blockchain é espesso o suficiente para cortar com uma faca, mas é uma tecnologia que está tecnicamente em torno de cerca de uma década e só agora está sendo rebaixado e testado em projetos de pequena escala. Os ônibus são naturalmente lentos com blockchain, porque ele permanece relativamente não provado. Em alguns casos, a implementação de blockchain significaria começar completamente do zero, sugerindo que é um empreendimento complicado e caro. Por outras palavras, não há qualquer garantia de que estes testes resultem numa rápida adopção da tecnologia blockchain. A história sugere que se a blockchain for bem sucedida, levará anos para ser implementada, o que poderia acabar com a euforia que está atualmente galopante entre as criptomoedas.

A barreira à entrada também é excepcionalmente baixa quando se trata de desenvolvimento de blockchain. Mesmo que o Ethereum ainda seja a escolha preferida das empresas, várias grandes empresas se aventuraram a criar a sua própria tecnologia de blockchain. Por exemplo, a Cisco Systems (NASDAQ: CSCO) criou um blockchain capaz de monitorar dispositivos conectados e determinar a confiabilidade de novos dispositivos que se conectam à rede. A Cisco preparou efetivamente uma maneira de gerenciar a Internet das Coisas.

Alguns benefícios incríveis da criptomoeda

Nos últimos anos, as pessoas têm falado muito sobre criptomoedas. No início, este negócio parecia assustador, mas as pessoas começaram a desenvolver confiança nele. Pode ter ouvido falar de Éter e Bitcoin. Ambos são criptomoedas e usam a Tecnologia Blockchain para maior segurança possível. Hoje em dia, estas moedas estão disponíveis em vários tipos.

No que diz respeito à fraude, este tipo de moeda não pode ser falsificada como é na forma digital e não pode ser revertida ou falsificada ao contrário dos cartões de crédito.

Liquidação imediata

Compra de imóveis envolve terceiros, tais como advogados e notário. Assim, atrasos podem ocorrer e custos adicionais podem incorrer. Por outro lado, os contratos Ethereum são concebidos e executados a fim de incluir ou excluir terceiros. As transações são rápidas e os assentamentos podem ser feitos instantaneamente.

Taxas mais baixas

Normalmente, não há taxa de transação se quiser trocar Ethereum ou qualquer outra moeda. Para verificar uma transação, há menores que são pagos pela rede. Embora haja taxa de transação zero, a maioria dos compradores ou vendedores contratam os serviços de terceiros, como a Coinbase para a criação e manutenção de suas carteiras. Se não sabe, esses serviços funcionam como o Paypal que oferece um sistema de troca baseado na web.

Identificação de roubo

O seu comerciante recebe a sua linha de crédito completa quando fornecê-los com o seu cartão de crédito. Isto é verdade, mesmo se o montante da transação é muito pequeno. Na verdade, o que acontece é que os cartões de crédito funcionam com base em um sistema "pull" onde a loja on-line puxa a quantidade necessária da conta associada ao cartão. Por outro lado, as moedas digitais apresentam um mecanismo de "push" onde o titular da conta envia apenas a quantidade necessária, sem qualquer informação adicional. Então, não há chance de roubo.

Acesso aberto

Segundo as estatísticas, existem cerca de 2,2 mil milhões de pessoas que utilizam a Internet, mas nem todas têm acesso ao intercâmbio convencional. Assim, eles podem usar a nova forma de pagamento.

Descentralização

No que diz respeito à descentralização, uma rede de computadores internacional chamada tecnologia Blockchain gerencia o banco de dados Ethereum e Bitcoin. Por outras palavras, uma abordagem baseada no ponto-a-ponto.

Reconhecimento

Como a criptomoeda não é baseada nas taxas de câmbio, taxas de transação ou taxas de juros, pode usá-la internacionalmente sem sofrer nenhum problema. Assim, pode poupar muito tempo e dinheiro. Noutras palavras, Ethereum e outras moedas como esta são reconhecidas em todo o mundo. Pode contar com elas. Então, se tem procurado uma maneira de investir o seu dinheiro extra, pode considerar investir em Ethereum. Pode se tornar um mineiro ou investidor. No entanto, certifique-se de que sabe o que está a fazer. A segurança não é um problema, mas outras coisas são importantes a ter em mente.

Dicas para investir em criptomoeda

A criptomoeda é a mais nova tendência no mercado monetário que contém os elementos da ciência da computação e da teoria matemática. Sua principal função é proteger a comunicação, pois converte informações legíveis em um código inquebrável. Você pode acompanhar suas compras e transferências com criptomoeda. A seguir estão as dez principais dicas para os investidores a investir em criptomoeda. É como investir em commodities:

Investir em criptomoedas é como investir em qualquer outra mercadoria. Ele tem duas faces - ele pode ser usado como um ativo ou como um investimento, que você pode vender e trocar.

Comprar Ethereum Diretamente:

Compre Ethereum diretamente se não quiser pagar a taxa para investir ou se estiver interessado em possuir Ethereum real. Há muitas opções em todo o mundo, incluindo Bitcoin.de, Bitfinex e Bitflyer de onde pode comprar Ethereum diretamente.

Apenas uma Minoria Absoluta Usa Criptomoeda:

Hoje, Ethereum é a criptomoeda mais comum no mundo do investimento. Em alguma parte do mundo, apenas 24% dos adultos sabem sobre isso, e surpreendentemente apenas 2% dos americanos o usam. É uma boa notícia para os investidores financeiros, já que o baixo uso representa um investimento frutífero para o futuro.

O sábio está a crescer:

O limite de mercado combinado das criptomoedas é de mais de 60 bilhões de dólares americanos. Ele inclui todas as criptomoedas existentes, incluindo centenas de menores e desconhecidos. O uso em tempo real das criptomoedas aumentou, mostrando um aumento na tendência.

O uso é o critério chave:

Como um investidor, o uso deve ser a chave para si. Os dados de demanda e oferta de criptomoedas exibe uma oportunidade de investimento decente agora. Existe uma forte utilização das moedas para facilitar os pagamentos entre instituições financeiras e, assim, empurrar os custos de transação para baixo significativamente.

O Ciclo do Mercado:

Atualmente, o mercado de criptomoedas está em euforia. É o ponto onde o investimento pode não parecer como uma oportunidade de ouro para si, mas o valores vão subir mais alto a partir daqui. Empresas, governos e sociedade em todo o mundo em breve estarão considerando criptomoedas.

Ele vai resolver problemas:

O dinheiro é para resolver problemas, assim como a criptomoeda. Quanto maior o problema resolvido, maior o valor potencial que obtém. O ponto ideal para possuir criptomoedas é que ele fornece acesso a dinheiro e funções bancárias básicas, incluindo pagamento e fiação.

Cripto para o Dinheiro:

Hoje, as criptomoedas podem ser trocadas por papel-moeda convencional. Portanto, o risco de bloqueio que existia há algum tempo se foi agora.

Crie o seu portfólio:

Como as criptomoedas são permutáveis, elas se tornaram outra maneira de construir o seu portfólio. Agora pode armazenar dinheiro na forma de criptografia e trocá-lo por dinheiro sempre que precisar do dinheiro tradicional.

Leia os recursos certos:

"Todo mundo e seu tio" se torna um guru durante qualquer hype. Seja muito cético ao selecionar fontes de leitura e pessoas que fazem investimento em criptomoedas.

Como usar a Criptomoeda

É muito fácil para as pessoas comuns fazerem uso desta moeda digital. Basta seguir os passos abaixo:

Você precisa de uma carteira digital (obviamente, para armazenar a moeda)

Faça uso da carteira para criar endereços públicos exclusivos (isso permite que você receba a moeda)

Use os endereços públicos para transferir fundos dentro ou fora da carteira.

Carteiras de criptomoedas

Uma carteira criptomoeda não é nada mais do que um programa de software, que é capaz de armazenar chaves privadas e públicas. Além disso, ele também pode interagir com diferentes blockchains, para que os usuários possam enviar e receber moeda digital e também manter um controlo sobre o seu equilíbrio.

A forma como as carteiras digitais funcionam

Em contraste com as carteiras convencionais que carregamos nos nossos bolsos, as carteiras digitais não armazenam moedas. Na verdade, o conceito de blockchain foi tão bem misturado com criptomoedas que as moedas nunca são armazenadas em um local específico. Nem eles existem em qualquer lugar em dinheiro ou forma física. Apenas os registros de suas transações são armazenados no blockchain e nada mais.

Um exemplo real

Suponha que um amigo lhe envia alguma moeda digital, digamos, na forma de Thereum. O que este amigo faz é transferir a propriedade das moedas para o endereço da sua carteira. Agora, quando quiser usar esse dinheiro, desbloqueou o fundo.

Para desbloquear o fundo, precisa combinar a chave privada da sua carteira com o endereço público que as moedas são atribuídas. Somente quando esses endereços privados e públicos corresponderem, a sua conta será creditada e o saldo na sua carteira será aumentado. Simultaneamente, o saldo do remetente da moeda digital diminuirá. Nas operações relacionadas com a moeda digital, a troca real de moedas físicas nunca ocorre em nenhum caso.

Compreensão do endereço da criptomoeda

Por natureza, é um endereço público com uma sequência única de caracteres. Isso permite que um usuário ou proprietário de uma carteira digital receba criptomoedas de outros. Cada endereço público, que é gerado, tem um endereço privado correspondente. Esta correspondência automática prova ou estabelece a propriedade de um endereço público. Como uma analogia mais prática, pode considerar um endereço de criptomoeda pública como o seu endereço de e-mail para o qual outros podem enviar e-mails. Os emails são a moeda que as pessoas te enviam

Compreender a versão mais recente da tecnologia, em forma de criptomoeda não é difícil. É preciso um pouco de interesse e gastar tempo na rede para obter o básico claro.

Outras criptomoedas

Bitcoin

Bitcoin é um tipo de moeda eletrônica (criptomoeda) que é autônoma dos bancos tradicionais e entrou em circulação em 2009. De acordo com alguns dos principais comerciantes online, Bitcoin é considerado como a moeda digital mais conhecida que se baseia em redes de computação para resolver problemas matemáticos complexos, a fim de verificar e registrar os detalhes de cada transação feita. A taxa de câmbio do bitcoin não depende do banco central e não há uma única autoridade que governa o fornecimento de criptografia. No entanto, o preço do bitcoin depende do nível de confiança que seus usuários têm, como as maiores empresas aceitam bitcoin como um método de pagamento, o bitcoin mais bem sucedido se tornará. Bitcoin é a primeira moeda global descentralizada que permite que envie dinheiro de uma pessoa para outra sem envolver um corretor de terceiros, como um banco. Só precisa de seu computador para fazer transações bitcoin porque é fundamentalmente software. Como uma moeda descentralizada, bitcoin não é controlado por ninguém. é aberto para que qualquer pessoa pode se beneficiar dele.

Zcash:

Zcash saiu na parte final de 2016. A moeda define-se como: "se Ethereum é como http para o dinheiro, Zcash é o http".

Zcash promete fornecer transparência, segurança e privacidade das transações. A moeda também oferece a opção de transação "blindada" para que os usuários possam transferir dados na forma de código criptografado.

Dash:

Dash é originalmente uma versão secreta da Ethereum e da Bitcoin. É conhecida também por "moedaescura" devido a sua origem secreta.

Dash é popular porque oferece um anonimato que permite que os seus usuários façam transações impossíveis de rastrear.

A moeda apareceu pela primeira vez na tela do mercado digital no ano de 2014. Desde então, experimentou uma grande legião de seguidores num curto espaço de tempo.

Ripple:

Com uma capitalização de mercado de mais de $1bn, Ripple é o menor da lista. A moeda foi lançada em 2012 e oferece pagamentos instantâneos, seguros e de baixo custo.

O livro de consenso da Ripple não requer mineração, uma característica que a torna diferente de Ethereum e outras moedas de criptografia popularizadas.

A falta de mineração reduz o poder de computação que, em última análise, minimiza a latência e tornas as transações mais rápidas.

Enrolar:

Embora a Bitcoin continue a liderar a criptografia, os rivais anda a aproximar-se do ritmo da mesma. Moedas como Ethereum e Ripple superaram a Bitcoin em soluções empresariais e estão a crescer em popularidade cada vez mais. Seguindo a tendência, os outros criptos estão aqui para ficar e em breve estarão a dificultar a estadia da Bitcoin no topo.

Algumas Definições Úteis

- **Criptomoeda**: Moeda eletrónica; também conhecida por moeda digital.
- **Dinheiro Fiduciário**: any legal tender; government backed, used in banking system.

- **Ethereum:** É uma plataforma de computação distrbuída com código aberto, pública e baseada no bloqueio de correntes e sistema operacional com funcionalidade de contrato inteligente (Script).
- **Bitcoin**: A original e padrão deu da criptomoeda
- **Altcoin:** Outras criptomoedas que são separada dos mesmos processos que o Bitcoin, mas com váriações claras no seu processo.
- **Mineiros**: um indíviduo ou um grupo de indíviduos que usam os seus próprios

recursos (computadores, eletricidade, espaço) para extrair moedas criptomoedas.

- ***Carteira:*** um pequeno documento no seu computador onde guarda o seu dinheiro digital.

Conclusão

Com várias pessoas a perder esperança no sistema bancário tradicional, as decisões virtuais estão a começar a tornar-se uma opção mais acessível e melhor para ambos os consumidores e empresas. Portanto, não deve ser grande surpresa que o Ethereum é incrível em valor e é sempre considerado como alternativa em todo o mundo.

Ethereum procura algo novo: não se trata apenas de pagamento na caixa multibanco, trata-se também da criação de contratos inteligentes. Então, enquanto a Bitcoin é uma moeda digital, Ethereum é uma plataforma para executar aplicativos numa rede distribuída.

www.ingramcontent.com/pod-product-compliance
Lightning Source LLC
LaVergne TN
LVHW041712060526
838201LV00043B/698